AF229239

COMITÉ ET COMMISSIONS DES DAMES

SOCIÉTÉ FRANÇAISE

DE

SECOURS AUX BLESSÉS ET AUX VICTIMES

DE LA GUERRE

DE JUILLET 1870 A FIN MARS 1872

COMITÉ ET COMMISSIONS DES DAMES

RAPPORT

PAR JULES FOREST

Secrétaire général dudit Comité
Membre correspondant spécial des hospitaliers d'Afrique,
Membre de la Commission de la Société protectrice des animaux,
Chevalier de l'Ordre Romain de Saint-Grégoire-le-Grand,
Membre de la Société Linnéenne de Lyon,
Auteur de la Vérité sur Lamartine,
De la Biographie du docteur Comte des Guidi (introducteur de l'homœopathie en France),
De l'éloge historique de Mathieu Bonafous (agronome, correspondant de l'Institut),
De l'Esquisse sur le Vésuve ancien et moderne,
De différentes publications, etc.

LYON

IMPRIMERIE DU SALUT PUBLIC

BELLON, RUE DE LYON, 33

1872

COMITÉ DES DAMES

RAPPORT

De M. Jules FOREST, Secrétaire général

Mesdames, Messieurs,

La guerre a ce malheur : c'est qu'elle enveloppe dans la souffrance et le vainqueur et le vaincu.

Ce fut cette pensée de Mme de Motteville, que M. Léonce de Cazenove, membre du Conseil de la Société Française de Secours à Paris, pénétré des principes humanitaires énoncés dans la Convention de Genève, du 29 octobre 1863, et ratifiée par les puissances le 22 août 1864, mit en pratique cette même année, en fondant dans notre ville un Comité sectionnaire pour les militaires blessés sur terre et sur mer.

En juillet 1870, aux premiers symptômes alarmants d'une guerre entre la France et la Prusse, le Comité lyonnais se rappelant les services importants rendus par le Comité auxiliaire des Dames américaines (dont le nombre dépassa trente-deux mille), pendant la longue période de la lutte sanglante des Etats-Unis, pensa, avec raison, que les Françaises s'empresseraient d'imiter ce noble exemple, et nous chargea d'organiser un Comité de dames.

Toutes les démarches nécessaires pour atteindre ce but furent faites, et M. Sencier, administrateur alors du département du Rhône, nous prêtant son bienveillant appui, ce projet passa à l'état d'exécution du 15 au 20 juillet, sous la présidence honoraire de Mme la comtesse de Palikao, et sous la présidence effective de Mme Louise Sencier.

Le 25, plus de quatre cents lettres d'invitation firent appel, au nom du Comité sectionnaire, au généreux concours des dames lyonnaises.

Le 6 août suivant, Mme la présidente Sencier les convoqua, pour le 8, en assemblée générale, dans un des salons de la préfecture, à l'Hôtel-de-Ville.

ASSEMBLÉE GÉNÉRALE DU 8 AOUT 1870

La séance fut ouverte par une allocution de M. le comte d'Espagny, président du Comité, sur le but de la réunion.

Il fit connaître que M. Léonce de Cazenove en était le secrétaire général, et M. Jules Forest celui du Comité des dames, puis il céda la parole à M. de Cazenove.

Ce dernier esquissa à grands traits les conséquences désastreuses de la guerre et le devoir impérieux d'en adoucir les rigueurs, en organisant des Commissions de dames transformées en hospitalières volontaires, dont l'utilité avait été si puissamment accentuée pendant les guerres d'Amérique, du Schleswig, et celle de 1866 entre la Prusse et l'Autriche.

On procéda ensuite à la formation des différentes Commissions nécessaires à la division des travaux.

Les décisions suivantes furent adoptées :

PREMIÈREMENT

Un Comité directeur, composé des vice-présidentes ci-après désignées, se réunissant une fois par semaine :

Première Présidente :

Mme Sencier, remplacée, après les événements du 4 septembre 1870, par

Mme Millevoye, première présidente.

Vice-présidentes :

Mmes Brolemann, — comtesse d'Espagny, — Onofrio.

Membres :

Mmes	Mmes
Arlès–Dufour.	Lilienthal.
Clément-Désormes.	Mathevon (Octave).
Cuniac.	Perrin-Gilardin.
D'Averton.	Revérony.
Desgaultières.	Tabareau.
Fitler (Sophie).	Tresca.
Galline (Oscar).	

SECONDEMENT

Une Commission de dames quêteuses, présidée par Mlle d'Averton, se réunissant deux fois par semaine dans le salon du Conseil municipal, composée comme suit :

Présidente :

Mlle d'Averton.

Vice-présidentes :

Mmes Lilienthal, — Lapeine.

Membres :

Mmes	Mmes

Mmes
Armand.
Bailly.
Bellon.
Binet.
Bonjour.
Brossette (Dominique).
Brossette-Heckel.
Cafarel.
Caillaud.
Chabrière (Maurice).
Chambe.
Cherblanc.
Collon.
Convert.
Cottin.
Dubourg.
Durand (Eugène).
Espagny (comtesse d').
Ferber (Auguste)
Flottard.
Forcrand (de).
Framinet.
Gacogne.
Genin.
Glénard.
Gravillon (de).

Mmes
Jacquier.
Jaquet.
Jay.
Laroche.
Mangini.
Marix.
Mayer.
Meaudre.
Morin-Pons (Henri).
Morin-Pons (veuve).
Pignatel (Victor).
Renoux.
Richard.
Robert.
Rosenthal (Isidore).
Sabran (Emile).
Schultz.
Siéfert.
Sigaud.
Stengelin (Alix).
Tavernier.
Tête-Noire.
Vautaret.
Viereck.
Vignon.

TROISIÈMEMENT

Une Commission numéro 1 en permanence dans les salles des archives, chargée de la réception des dons, de leur classement et de la confection des caisses.

Présidente :

Mme ARLÈS-DUFOUR.

Vice-Présidente :

Mme LAPEINE.

Membres :

Mmes	Mmes
Bard.	Pascal.
Biarez.	Renard.
Cazenove (Léonce de).	Renoux.
Chabrières (Arlès).	Robin.
Dulaurens.	Roman (Auguste).
Germain.	Rosenthal (Jules).
Germain (Mlle).	Rosenthal (Isidore).
Grand (Mlles).	Seller.
Lortet (Clémentine).	Steiner (Charles).
Marietton.	Steiner-Pons (Edouard.
Mass.	Vachon (Pierre).
Morin-Pons.	Vautier-Teissier.
Noack (Rodolphe).	

QUATRIÈMEMENT

Une Commission numéro 2, en permanence dans le salon du Conseil municipal, chargée de la séparation et réparation du linge, de la confection des bandes, compresses et de tous les travaux à l'aiguille.

Présidente :

Mme CUNIAC.

Vice-présidentes :

Mmes MARRET, — MATHEVON (Octave), — PERRIN-GILARDIN.

Membres :

Mmes	Mmes
Barafort.	Chambet.
Baritel.	Chastel (veuve).
Belle-Isle (Mlle de).	Cote (Marius).
Bérenger.	Coumer.
Boicervoise (Georges).	Courrad.
Boicervoise (Joseph).	Dubourg.
Bourgeois.	Dubreuil.
Brunet-Lecomte.	Dubreuil (Mlle).
Bruyas.	Eloy.
Cadalven (de).	Eynard.
Cadalven (Mlles de).	Ferber (Ernest).
Casanova.	Ferber (Auguste).
Caillaud.	Froment (Mlle).
Certeau (de).	Flotard.

Mmes

Gaillard.
Galisot (Mlle).
Gallavardin (Rosalie).
Galline.
Gay (Abel).
Gayet.
Gidrone (de).
Girodon.
Gros (Gustave).
Guérin (veuve).
Guillet.
Lortet (Mlle).
Lecourt.
Lépine.
Letourneur.
Logier (Mlle).
Loubet.
Martin.
Meaudre (Lodoix).
Mehier (Mlles).
Milliaud.
Million.
Mouillard.
Ogier (Claude).
Ogier (Victor).
Onofrio.
Onofrio (Mlles).

Mmes

Palisse (Mlle Valérie).
Perret (Mlle).
Pitrat.
Renard (Francisque).
Revérony.
Sabran (Emile).
Sauzet (Abel).
Siéfert.
Siéfert (Mlle Louisa).
Silvan.
Simo-Preu.
Soultrait (comtesse de)
Talon.
Thoisy (vicomtesse de)
Tresca.
Tresca (Mlles).
Teillard-Bussy.
Vautaret.
Vautaret (Mlle).
Vibert (Auguste).
Vibert (Henri).
Villard.
Villard-Belmont.
Waldner (comtesse Geoffroy de).
Waldner (Mlle Louise de).
Willemin.

CINQUIÈMEMENT

Une Commission numéro 3, se réunissant une fois par semaine, avec mission de distribuer des secours à domicile, aux familles malheureuses des blessés et privées de leur soutien.

Les membres de cette Commission ont subdivisé la ville en quatre secteurs, pour la facilité de leurs investigations.

Première présidente :

Mme MILLEVOYE.

Trésorière générale :

Mme TRESCA.

PREMIÈRE SECTION. — Lyon-Central.

———

Vice-présidente :

Mme DESGAULTIÈRES, remplacée plus tard par Mme REVÉRONY.

Trésorière :

Mme DOMINJON, également remplacée par Mme SABRAN.

Membres :

Mmes	Mmes
Belle-Isle (Mlle de).	Jaillard-Torombert.
Boucher.	Koch.
Boulanger.	Martin.
Butot.	Mégemont.
Caillaud.	Perret de la Meuve.
Courajod (Alexis).	Piquet (veuve).
D'Averton (Mlle).	Rieussec.
Douiller.	Sauvage de Saint-Marc.
Gleyre.	Sigaud (H.).
Guitton-Granger.	Torombert.

DEUXIÈME SECTION. — Brotteaux-Guillotière.

Vice-présidente :

Mme CLÉMENT-DÉSORMES.

Trésorière :

Mme FERBER (Ernest), remplacée plus tard par Mme Charles STEINER-PONS.

Membres :

Mmes	Mmes
Adam.	Gallavardin.
André.	Gantillon.
Andrié.	Glénard.
Bellat.	Grillet.
Bertaud.	Lesne.
Berthet.	Lilienthal.
Biarès.	Marguerat.
Blanc.	Mathevon.
Brolemann (veuve).	Millevoye.
Brouzet (Théodore).	Mugniéry.
Chabrières (Maurice).	Pont.
Chapotot.	Prenat.
Chavanne.	Sigaud (Charles).
Durand (Victor).	Steiner-Pons.
Ferber (Auguste).	Tabard.
Fitler (Alexandre).	Tresca (Louis).
Fleury.	Vautaret.
Flottard.	Verney.
Fournier (veuve).	Veyrin.

TROISIÈME SECTION. — Croix-Rousse, Sathonay.

Vice-présidentes :

Mmes Comtesse d'ESPAGNY, — GALLINE (Oscar).

Trésorière :

Mme MARIX.

Membres :

Mmes	Mmes
Arquillière.	Lapeine.
Barafort.	Lyonnet.
Bourdin.	Meynard-Debard.
Brossette-Heckel.	Morin-Pons (Henri).
Buisson (Eugène).	Noack.
Cote (Marius.)	Odobé.
Dubost.	Prandière (de).
Gabut.	Scotti.
Illaire.	Soultrait (comtesse de).

QUATRIÈME SECTION. — Vaise, Saint-Jean et Saint-Just.

Vice-présidente :

Mme FITLER (Sophie), remplacée plus tard par Mme TABAREAU.

Trésorière :

Mme ELOY, remplacée plus tard par Mlle PALISSE.

Membres :

Mmes	Mmes
Binet (J.).	Janin.
Binet (Pierre).	Legat.
Boiron.	Onofrio.
Bruyas.	Rey du Mouchet.
Collet.	Seguin (Paul).
Dolbeau (Pauline).	Schultz (Adèle).
Dubreuil (veuve).	Tollet.
Fitler (Albert).	Wemberg.
Fusy.	Zeindel.
Genevay.	

Les noms justement répétés sont ceux des Dames qui ont fait partie de plusieurs Commissions.

Un mois environ avant cette assemblée générale, la Commission numéro 1 fonctionnait déjà, car la guerre paraissant inévitable, différents appels publiés par les principaux journaux de notre ville, avaient fait converger dans les salles des Archives, que M. Sencier, alors préfet du Rhône, s'était empressé de faire disposer en notre faveur, une quantité de linges de pansements et de dons en nature, dont nous étions spécialement chargés, et qui ne fit que s'accroître avec le temps.

Toute administration exige une organisation régulière qui ouvre la voie et pose les jalons ; ce fut cette Commission qui en prit l'initiative.

Il est juste de rappeler que Mme Léonce de Cazenove fut la première qui nous aida à organiser et confectionner les 35 premières caisses de pansements, comme M. Fiorillo Fournier fut le premier qui se mit à la tête des souscriptions pécuniaires, en versant 500 fr. au journal le *Salut public*.

M. Albert Fitler fut le second qui vint nous prêter l'appui de son dévouement et de son intelligente activité. Il fut bientôt suivi de MM. Fernand Liquier, Brouzet, Carrel, Cottin et l'abbé Chabert, aumônier de la retraite dite la *Solitude*, dont l'ambulance quatre mois plus tard, fournit un contingent de 45 lits aux blessés militaires.

Un registre avait été ouvert pour recueillir les offrandes de tous les donateurs. Un grand nombre eut la modestie de garder l'anonyme.

Cet enregistrement du reste, établi pour le bon ordre, ne pouvait offrir aucun but d'utilité, puisque tous les paquets étaient naturellement ouverts, triés et mélangés.

Aussi l'accumulation des dons nous força-t-elle maintes fois d'y renoncer.

M. de Cazenove, secrétaire général, partit pour explorer les champs de bataille.

Nous restâmes à notre poste pour l'administration et les expéditions des caisses.

***

Ici se déroule l'horizon prolongé d'une série de travaux et d'émulations, dont les limites de l'espace qui nous est réservé ne nous permettent pas de narrer les détails.

Qui ne sut se borner ne sut jamais écrire.

Nous ne pouvons donc qu'analyser sommairement la spontanéité de toutes les dames qui se sont offertes pour diminuer les souffrances ou panser les blessures de nos malheureux soldats, soit dans les différentes Commissions que nous venons d'indiquer, soit dans celles postérieurement formées en faveur de nos prisonniers en Allemagne, de nos armées actives, de l'ambulance de Perrache, d'un grand nombre de nos ambulances sédentaires et pour l'organisation des loteries, quêtes, sermons de charité et fêtes au profit de toutes les victimes de la guerre.

COMMISSION DE L'EMBALLAGE ET DU RACCOMMODAGE

———

Pendant toute la durée du mois d'août, une prodigieuse activité ne cessa de régner dans ces deux Commissions ; dans la première surtout, où s'accumulaient les dons de toutes sortes, en linges, vins, liqueurs, épicerie, remèdes, etc., etc.

Les salles basses des Archives et les grands salons des Echevins, du Conseil municipal et autres, suffisaient à peine à leurs nombreuses installations.

Une foule de pétitions pour soigner les blessés, auxquelles nous avons constamment répondu, étaient journellement adressées à Mme Sencier, la présidente effective.

Ne pouvant remercier individuellement chaque donateur, les quatre principaux journaux de notre ville ont bien voulu nous servir d'intermédiaires, en septembre 1870, pour le faire collectivement et pour mentionner que si les dames de tous les cultes ont rivalisé d'élan et d'abnégation, c'est qu'aux heures suprêmes toutes les religions sont sœurs, tous les dévouements sont frères, tous les intérêts sont communs.

QUÊTES A DOMICILE

Du 11 août au 12 septembre 1870, les dames quêteuses dont les noms figurent dans ce rapport, au nombre de 54, sous la présidence de Mlle d'Averton et sous l'égide du brassard de la Société, ont fait des quêtes à domicile, dans les différents quartiers de notre ville.

Cet appel à la bienfaisance lyonnaise, qui n'est jamais restée sourde à la voix de la charité, a produit une somme de : 59,154 fr. 62 c., qui a été versée dans la caisse du Comité sectionnaire.

Le zèle de MM. les curés dans leurs paroisses respectives, a largement contribué à l'accomplissement du succès obtenu.

A différentes reprises Mme Sallard, artiste lyrique, est venue nous apporter le fruit de ses quêtes personnelles.

Enfin, le 3 du mois de septembre, une messe musicale a été célébrée dans l'église de Saint-Bonaventure. M. l'abbé Combalot, dans un sermon patriotique, a rappelé le devoir chrétien de secourir promptement et efficacement les trop nombreuses victimes de cette guerre impie.

Cette œuvre de charité grava pieusement la date des adieux de ces dames à la préfecture, car le lendemain 4 septembre, nos salons furent envahis et tous nos travaux provisoirement arrêtés par les évènements politiques.

EXPÉDITIONS

Entrée

—

Du 10 août 1870 au 2 mars 1871, il a été confectionné par les Commissions de dames n° 1 et n° 2, 1,371 caisses de draps, compresses, bandes, chemises, charpie, serviettes, torchons, mouchoirs, couvertures, coussins, caleçons, flanelles, chaussettes, bonnets, linges de pansements, bandages, gouttières, etc.

Toutes ces caisses, fermées et numérotées, avec indication du contenu, ont été soigneusement enregistrées sur un livre spécial d'annotation, correspondant à un livre d'expédition, afin d'en établir la balance et d'en rendre compte, au besoin, aux donateurs.

La fermeture et le transport de ce lourd bagage de l'hôtel de la préfecture au palais Saint-Pierre, ont nécessité une surveillance et un labeur longs, difficiles et très-pénibles.

Plusieurs personnes nous ont gratuitement prêté leur concours, entre autres MM. Jean-Claude Garin, de la maison Debeau et David, emballeurs; — Guise, employé chez MM. Goutelle et Royé-Vial; — Jean-Baptiste Morin, laitier.

N'est-ce pas un devoir de reconnaissance de les nommer, puisqu'ils nous ont volontairement sacrifié un temps dont l'emploi était pour eux une nécessité ?

La grande quantité de ces caisses, qui atteste l'importance du travail des Commissions de l'emballage et du raccommodage, exigeait une espace considérable.

Les vastes galeries de l'ancienne abbaye des Dames de Saint-Pierre, — le salon des réunions académiques, — les salles de l'agriculture et des cours publics que MM. les académiciens ont bien voulu mettre à notre disposition ; — celle de la bibliothèque Bonafous que M. Joséphin Soulary nous a gracieusement confiée pour nos réunions presques quotidiennes, ont merveilleusement secondé l'accomplissement d'une œuvre aussi compliquée que la nôtre.

Nous devons également à l'obligeance empressée de M. Martin-Daussigny, directeur des Musées et du Palais des Arts à Lyon, d'avoir pu disposer des arcades du rez-de-chaussée pour organiser symétriquement nos colis par division de genres, afin d'en faciliter la recherche et d'éviter la confusion, tout en respectant les monuments archéologiques qui décorent ces portiques.

M. le marquis de Villeneuve, inspecteur général des ambulances volantes, et M. Vernes d'Arlandes, délégué régional de l'Est, plusieurs fois témoin de la physionomie de notre arrangement pour la distribution des dons en nature et l'organisation des Commissions de dames, ont bien voulu la sanctionner de leur approbation.

Ces 1,371 caisses ont été expédiées et distribuées du 20 août 1870 au 2 mars 1871, de la manière suivante.

Ci-joint leur compte-rendu détaillé, aux termes de l'article 11 du règlement de la Société française de secours, à Paris :

Sortie

1870			VILLES	CAISSES.
Août	10	A M. de Cazenove, secrétaire général, à	Paris.	14
»	10	A Mme Favier, 4me section de secours, à	Metz.	12
»	11 et 12	A M. Klose, banquier, à. .	Strasbourg.	12
»	11 et 12	A M. Grandjean, à	Nancy.	6
»	12	A M. Koclin, à	Mulhouse.	4
»	12	A M. le sous-préfet de . .	Belfort.	14
»	13	Au palais de l'Industrie, à.	Paris.	30
»	19	Au camp de Sathonay, avec produits pharmaceutiques, à.	Lyon.	1
»	21	Vagon spécial confié à M. Liquier, avec 8 fûts de vin, à	Châlons-s.-Marne	38
Septembre	8	Vagon spécial confié à MM. Cottin et Liquier, à	Sedan.	63
»	13	A M. le marquis de Villeneuve, à.	Paris.	1
»	17	Vagon spécial confié à MM. Carrel et Girard, avec 2 fûts de vin, à. . .	Sedan.	86
Octobre	4	Au docteur Glénard, à. . .	Lyon.	1
»	7	A MM. Bruck et Janin, à. .	Genéve.	38
»	13	Par ordre de M. Vernes d'Arlandes, à.	Dijon.	12
Novembre	6	Au 15me corps d'armée, par l'entremise de M. Contre-jean à	Nevers.	30
			A Reporter.	362

Total: 362

1870			VILLES.	CAISSES.	
			Report....	362	
Novembre	19	Au docteur Jules Ley, à. .	Mâcon.	11	
Décembre	4	A M. Bossange, au château de	Meung.	10	
		(Ces colis, par interruption des voies de communication, ne sont arrivés qu'à la conclusion de la paix.)			
—	18	Au docteur Hermann, ambulance de.	Mulhouse.	16	
1871					430
Janvier	18	A la demande du docteur Ollier, à.	Lorient.	4	
—	20	Ambulance de l'Hérault, remis à	Lyon.	1	
—	21	Société de secours, au docteur Ley	Autum.	6	
—	30	Demande de M. Vernes d'Arlandes.	Dijon.	15	
Février	10	Demande de M. de Cazenove		5	
				430	

Tous ces colis, accompagnés de leur déclaration respective pour le chemin de fer, ont été précédés par une lettre d'avis à chaque destinataire.

Légions de marche de Lyon.

1870					
Septembre	29	Eclaireurs du Rhône, 2e bataillon (caisse perdue). .	Lyon.	1	
Octobre	12	Tirailleurs du Rhône (avec un cheval offert par Mᵐᵉ Carguet	—	3	
Novembre	4	Chasseurs volontaires du Rhône.	—	4	
—	4	1ʳᵉ Légion de marche. . . .	. .—	8	
—	11	Francs-tireurs des Pyrénées-Orientales.	—	2	
—	20	Eclaireurs du Rhône . . .	—	4	
Décembre	11	Vengeurs du Rhône.. . . .	. —	4	
			A Reporter.	26	430

1870			VILLES.	CAISSES.	
		Report....		26	430
Décembre	31	16ᵉ bataillon de la garde nationale	Lyon.	8	
—	31	M. Legat, pour Belfort, recommandé par Mᵐᵉ Millevoye.	—	3	
1871					
Janvier	3	89ᵉ régiment provisoire. .	—	12	
—	5	6ᵉ bataillon de mobiles (2 brancards).	—	»	84
— 7 et 24		2ᵉ légion de marche du Rhône (1 fût de vin). . .	—	17	
— 19 et 27		2ᵉ légion de marche Alsace et Lorraine	—	14	
—	13	5ᵉ légion de marche. . . .	—	3	
—	31	3ᵉ légion Alsace et Lorraine, remis à Mᵐᵉ Morin-Pons avec 12 draps et 20 chem.	—	1	
				84	

Ambulances volantes.

1ʳᵉ ambulance dirigée par le docteur OLLIER

Partie le 9 octobre 1870.

1870			VILLES.	CAISSES.	
Octobre	10	Au docteur Ollier, lui-même, avec deux matelats recouverts en toile cirée, pour opérations.	Lyon.	115	
Novembre	11	Au docteur Crolas, pharmacien en chef.	—	12	
—	15	A la 2ᵉ escouade	—	13	
—	22	A M. Chabrière, avec feuillette de vin	—	55	
—	29	A M. David, pour l'ambulance d'Orléans, avec feuillette de vin de Bordeaux.	—	3	
Décembre	6	Au docteur Bron.	—	3	
		A Reporter.		201	514

			VILLES.	CAISSES.	
1870			Report....	201	514
Décembre	24	A la 1re ambulance . . . à	Châlon-s.-Saône.	17	
—	28	A la 1re ambulance . . . à	Belle-Garde.	10	
		(avec 6 caisses de phar-			
1871		macie).			
Janvier	9	A la 1re ambulance (Gou-			
		thières)	Lyon.	1	
—	19	A M. Gourd (avec 1 caisse			
		de tabac)	—	8	
				237	237

<h3 align="center">2e ambulance, dirigée par le docteur GAYET</h3>

Partie le 26 octobre 1870.

			VILLES.	CAISSES.	
1870					
Octobre	25	Au docteur Gayet lui-même			
		(caisses préparées exprès			
		pour son fourgon) . . .	Lyon.	16	
Novembre	25	Aux docteurs Dron et Gué-			
		mard (fourgon spécial avec			
		25 couvertures)	—	23	
Décembre	23	A la 2e section. . . . 5 .	—	3	
1871					56
Janvier	18	2e section au docteur Gué-			
		mard (pour Besançon,			
		avec pharmacie, liqueurs			
		et gouttières)	—	3	
—	31	2e section, au docteur Doyon			
		(avec gouttières et lai-			
		nages).	Bourg.	11	
			A Reporter.	56	807

	VILLES.	CAISSES.

3e Ambulance, dirigée par M. le docteur CHRISTOT

Partie le 13 janvier 1871.

1870		Report....		807
Décembre 16	Au docteur Christôt lui-même (avec 18 bouteilles de vin vieux).	Lyon.	33	
— 30	Au même, 2 caisses pharmacie.	—	2	41
1871				
Janvier 13	Au même (avec vin et liqueurs)	—	6	

(Ces caisses, destinées d'abord à l'ambulance de siége, sous la direction de M. Léon Riboud, avaient été envoyées à la grande salle de la Bibliothèque de la Ville, avec 24 brancards, 60 drapeaux, 65 coussins, etc. Le bombardement nous ayant heureusement épargnés, elles ont servi, en majeure partie, à la 3e ambulance.

Ambulance Suisse, dirigée par MM. VERNET ET MATHIEU

Mars 2	A M. Mayor.	Lyon.	8	8

Ambulance de la gare de Perrache, sous la direction de MM. A. DESGORGE, J. PERRET et P. PIATTON

(Du 26 décembre 1870 au 31 février 1871.)

Nous avons envoyé à la gare cinq caisses de linges divers; plusieurs pièces de vin et une quantité de paquets détachés contenant des draps, charpie, bandes, ceintures et gilets de flanelle, chaussettes et chaussons de laine, chemises, mouchoirs, tricots, pantalons, paletots, gilets, brassières, etc., dont MM. les directeurs, dans leur article publié le 16 décem-

				5
			À Reporter.	861

Report.....   861

bre 1871, par l'organe du *Salut Public*, et M. le docteur Favre, dans son rapport du 14 octobre, ont spécifié la quantité détaillée.

A différentes reprises nous y avons joint du thé, des citrons, des pipes, de l'alcool de menthe et 10 brancards.

La Commission des Dames

Chargée de la distribution du linge pour pansements, s'est librement constituée.

Plusieurs d'entre elles faisaient déjà partie des Commissions établies précédemment.

Ce sont Mesdames :

Aillaud.	Galline.
Dubourg.	De Jover (D^{lles}).
De Cazenove.	De Mercey.
Chaurand.	Morin-Pons.
Collon.	Péricaud.
Deslut.	Picard.
Comtesse d'Espagny.	Du Rourre.
Raoul Du Fay.	Vicomtesse De Ruolz.
De Fractus.	

Nous croyons superflu d'énumérer et le bien qu'elles ont fait et les peines morales et physiques qu'elles ont dû surmonter, pas mieux que de rappeler les quêtes, loteries et ventes obtenues par leur sollicitude ; M. le docteur Favre leur a consacré, dans son rapport, quelques lignes aussi bien senties que noblement exprimées.

Nous nous bornons à rappeler que par la lettre empreinte de modestie que Mme la vicomtesse de Ruolz-Montchal nous a fait l'honneur de nous adresser le 27 mars 1871 (qu'avec son autorisation), nous nous sommes empressé de reproduire dans le *Salut Public* et le *Courrier de Lyon*, nous avons appris que plusieurs de ces Dames avaient eu leur santé compromise, soit par la fatigue des veilles, soit par la rigueur de la température.

A reporter.....   861

Report.   861

Ambulances sédentaires

(Du 5 octobre 1870 au 2 mars 1871)

Pendant notre séjour au Palais-Saint-Pierre, nous avons distribué aux 63 ambulances désignées ci-bas, caisses assorties. .   158

Ecole vétérinaire.	Couvent de N.-D.-des-Missions.
Sœurs de Saint-Vincent-de-Paul.	Retraite de la Solitude.
Archevêché.	Frères de la Doctrine chrétienne.
Œuvre des Messieurs.	Œuvre des Convalescentes.
M. Marlie.	Pensionnat des Minimes.
Cure de Saint-François.	Retraite de Saint-Régis.
Salle d'Apollon.	Dames de Jésus-Marie.
Missions africaines.	Providence Caille.
Consistoire protestant.	Hospice de Caluire.
Sœurs de Bons-Secours.	Couvent de la Visitation.
MM. Piaton et Bredin.	Couvent Saint-Michel.
M. Jance.	M. Demoustier.
Saint-Nizier.	M. Perrachon.
Cours Rambaud.	Sacré-Cœur des Anglais.
Rue du Plat.	M. le docteur Rivet.
M. Carrel.	La Sainte-Famille.
19ᵉ Bataillon de la garde nationale.	Ursulines de Saint-Irénée.
La Rédemption.	Couvent de Marie-Thérèse.
M. Courajod.	Pères Maristes.
Saint-Polycarpe.	Hospice de Saint-Jean-de-Dieu.
Rue du Peyrat.	M. le docteur Carrier.
Rue du Garet.	Sacré-Cœur de la Ferrandière.
Quai de Retz.	Petites Sœurs des Pauvres.
Comptoir d'Escompte.	Institut hydrothérapique.
Avenue de Noailles.	Dominicains d'Oullins.
M. Colomb-Degast	Ecully.
M. le docteur Gérard.	Veuve Guérin, à Monplaisir.
MM. Duviard et Dolfus.	Ursulines de Saint-Cyr.
Infirmerie évangélique.	Neuville.
M. Vassel.	Balmont.

Etablissement des Lazaristes.
Docteur Chauvin (cavalerie).
Infirmerie de Sainte-Elisabeth.

} Non agrégées à la Commission des ambulances.

A Reporter. 1.019

	Report.....	1.019
Les éléments constitutifs des ambulances sédentaires (hormis les trois dernières), sont réunis et détaillés dans le rapport de M. le docteur Desgranges, président de cette Commission.		
Les différentes Commissions de Dames ont joué un rôle très-actif dans la distribution de tous les objets nécessaires à l'organisation des ambulances.		
Nous regrettons de ne pouvoir citer toutes les Sœurs de charité qui, modestes, vigilantes, attentives au chevet du lit de leurs malades, leur ont prodigué, jour et nuit, avec une sollicitude toujours croissante, les soins et les consolations les plus empressés et les plus affectueux.		
Après notre départ du Palais-Saint-Pierre, effectué le 1er janvier 1871, il a été envoyé à l'Hôtel-Dieu de Lyon, caisses charpie		100
Puis transportées à notre nouveau local, hôtel Beauquis, place Bellecour, caisses		252
	Total.....	1.371

Nous aurions désiré renvoyer le détail de certains tableaux à la fin de ce rapport et ne faire figurer dans le cours de nos comptes-rendus que le résumé des sommes totales, comme nous l'avons fait dans le tableau suivant pour les expéditions; mais, d'une part, les explications intercalées au milieu des colonnes de chiffres en nécessitaient la présence (laquelle du reste n'est que la preuve légitime des dons reçus), et d'une autre, chaque Commission possédant des tableaux et des comptes séparés qui sont l'expression particulière de sa gestion, nous avons été forcé de grouper pour chacune, tout ce qui composait le domaine privé de ses attributions, afin qu'aucun démembrement n'altérât l'harmonie de l'ensemble.

RÉSUMÉ

Balance par Entrée et Sortie.

ENTRÉE		SORTIE	
Caisses confectionnées au Comité de l'emballage du 10 août 1870 au 2 mars 1871	1.371	Expédié au dehors	430
		Légions de marche à Lyon	84
		Livré à la 1re ambulance volante	237
		— à la 2me — —	56
		— à la 3me — —	41
		— au Comité suisse à Lyon	8
		Ambulance de la gare de Perrache	5
		Distribué aux ambulances sédentaires	158
		Envoyé à l'Hôtel-Dieu à Lyon	100
		Transporté à l'hôtel Beauquis	252
Caisses	1.371	Total équivalent	1.371

Le nombre de 277 indiqué dans le rapport de M. Léonce de Caze-ove, secrétaire général, remonte à l'époque de ses inspections à l'entour des champs de bataille.

Il s'est considérablement accru postérieurement.

C'est que, d'une part, un grand nombre de ces caisses a été confectionné en son absence, et que, de l'autre, après huit mois de travaux consécutifs, lorsque les nombreuses dames de la Commission des travaux à l'aiguille se trouvant inoccupées après l'extinction du raccommodage, ont créé des ambulances afin d'aller elles-mêmes soigner les malades, la Commission plus restreinte de la confection des caisses se trouvant dans la même situation, a, par l'organe de sa présidente, Mme Arlès-Dufour, adressé, le 11 avril 1871, une circulaire à Messieurs les journalistes du midi, afin qu'ils voulussent bien provoquer la charité de toutes les dames habitant les contrées épargnées par le fléau de la guerre.

Ce nouvel appel n'est point resté sans échos, et le journal le *Salut public*, à la date du 1er mai suivant, a publié, avec remercîments de la part de cette Commission, les noms de toutes les personnes qui se sont empressées de lui faire parvenir des dons en nature ou en argent ; comme nous remercions de notre côté toutes celles qui nous ont envoyé des caisses vides dont l'abondance nous a été très-utile.

Ces dons ont produit :

En linges divers, vêtements, couvertures, etc., 71 colis.

Et en espèces, une somme totale de 2,619 fr. 50 cent., dont 2,000 provenant d'Alger et de Milianah (Afrique).

TRANSPORT

Non-seulement la Compagnie du chemin de fer Paris-Lyon-Méditerranée a bien voulu nous concéder 75 °/₀ de rabais sur tous les prix de ses tarifs, ainsi que l'a mentionné dans son rapport M. Léonce de Cazenove, mais encore M. Bidermann, ingénieur en chef de cette exploitation, nous a fait remise de demi-place en faveur des familles pauvres de militaires, désireuses d'aller revoir leurs enfants malades ou blessés, ou parfois obligées de changer de domicile.

Du 10 septembre au 20 décembre 1870, nous avons obtenu de la Compagnie du chemin de fer 39 remises, et reçu du Comité sectionnaire, pour secours de route, 270 francs, qui ont été distribués de 3 à 25 francs par famille, selon la distance à parcourir.

Pour les voyageurs dont la destination dépassait les limites de notre réseau, nous avons remis des lettres de recommandation adressées à Messieurs les chefs de gare de la ligne d'Orléans, avec prière de leur continuer la même faveur.

Abstraction faite du nombre de ces caisses enregistrées, dont la plupart étaient fort volumineuses, nous avons continué de distribuer au Palais Saint-Pierre, pendant un mois, entre toutes les ambulances sédentaires, soit à Lyon, soit dans les environs, suivant le nombre respectif de leurs blessés, une quantité d'objets détachés ci-après désignés, afin d'en éviter le transport inutile à l'hôtel Beauquis.

M. le professeur Girardon a bien voulu nous confier son cabinet particulier, encombré trop longtemps.

M. Raymond, appariteur de l'École des Beaux-Arts, nous a prêté son concours désintéressé pour l'entretien de la salle des cours, mise à notre disposition.

DISTRIBUTION

Linge — Vêtements — Pansements

Chemises toile et coton.	1.346
Draps fil et coton.	951
Draps vieux pour décès	53
Mouchoirs de poche.	500
Chaussettes de laine.	400
Chaussettes de coton.	44
Bas de laine.	76
Chemises de flanelle.	149
Gilets de flanelle.	65
Ceintures de flanelle	50
Vareuses de laine.	60
Bonnets de coton	370
Caleçons de laine ou coton	72
Cache-nez de laine	38
Tricots de coton	57
Paletots en draps.	29
Pantalons en draps	36
Gilets de laine ou coton.	42
Manteaux en laine	7
Robes de chambre.	5
Grand manteau de drap.	1
Foulards en soie	20
Coussins assortis	20
Couvertures de laine	44
Manchettes de laine. paires	12
Plastrons et Brassières	19
Guêtres.	10
Chaussons et semelles laine	24
Pantoufles	10
Gouttières garnies ou nues	60
Larges bandes et bandages	83
Toile cirée. pièces	2
Coton cardé. paquets	2
Matelas.	2
Total	4.659

Dans ce nombre ne sont pas compris les objets suivants :

REPORT 4.659		
Envoyés par Mme Arlès-Dufour aux Dominicains d'Oullins.		
Chemises d'hommes	60	
Robe de chambre	1	
Gilets de flanelle	2	68
Paletot vieux.	1	
Paires chaussettes laine	3	
Paquet bandes	1	
Donnés par Mme Morin-Pons aux Légions Alsaciennes.		
Couvertures laine.	3	
Draps	16	34
Chemises.	15	
TOTAL. 4.761		

Les gouttières et enveloppes en toile cirée pour matelas d'opérations, ont été confectionnées par Mme et Mlle Siefert avec une habileté et une promptitude exemplaires.

Après elles, Mme Chastel a continué le même labeur.

Les dons en linge de toute sorte, dont il est impossible d'estimer la valeur pécuniaire, bien inutile, du reste, puisqu'il ne s'agit pas ici de comptabilité, n'ont pas seuls abondés au Comité.

Il a encore été reçu et partagé entre les ambulances volantes et sédentaires les dons en nature ci-après :

Produits pharmaceutiques

Elixir de la Grande-Chartreuse. . . . caisses	1	
— des familles . . . . —	1	
— végétal . . . . —	1	
Quinquina . . . . —	1	
Arnica. . . . . —	1	18
Médicaments de M. Suchet. . . . . . —	1	
— de M. Santenot. . . . . —	1	
Perchlorure de fer . . . . —	1	
Colodium. . . . . —	1	
Thé noir. . . . . —	3	
Alcool de menthe de Ricqlès . . . . . —	6	

Comestibles, Epicerie.

Riz . . . . sacs	2	
Chocolat. . . . . paquets	11	
Confitures. . . . . pots	20	
Café brûlé. . . . . caisse	1	
Pruneaux. Vermicelle, Pâtes. . . . . paquets	12	57
Citrons offerts par M. Bernoud de Naples. caisses	2	
Eponges fines pour blessures, offertes par Mme Ferber . . . . —	2	
Sucre. . . . . pains	2	
Eau de fleur d'oranger . . . . flacons	2	

Vins, Liqueurs.

Vin fortifiant Aroud. . . . . caisses	2	
— de Bordeaux. . . . . —	4	
— de Marsala . . . . —	2	15
— vieux. . . . . —	5	
Liqueurs assorties . . . . —	1	
Cognac, Eau-de-Vie . . . . —	1	

Bouteilles spécialement partagées entre l'Ambulance de l'École vétérinaire . . . . . *pour* 3/5 *Et celle des Frères de l'École chrétienne* » 2/5		
Vin de Bordeaux . . . . bouteilles	100	
— de Marsala . . . . —	22	
— du Beaujolais . . . . —	12	
— vieux . . . . —	21	
— de Malaga . . . . —	2	
Eau-de-vie vieille . . . . —	4	190
Cognac . . . . —	7	
Vermouth . . . . —	4	
Arquebuse . . . . —	6	
Eau de Mélisse . . . . —	11	
Curaçao . . . . —	1	

Objets divers.

Pipes en terre (1800) . . . . caisses	2	
Tabacs . . . . —	3	57
Bain de pied, petite baignoire	2	
Brancards assortis	50	

A ces détails, il faut ajouter les fûts et bouteilles de vin du Beaujolais, de la Bourgogne, de Bordeaux, de l'Hermitage, etc., offerts par différents propriétaires et ceux recueillis par M. Bienvenue pendant l'heureuse tournée qu'il a bien voulu faire dans le Midi et pour laquelle M. Gomot, alors secrétaire général de la Préfecture du Rhône, a eu l'obligeance de nous accorder une réquisition à laquelle a été annexé M. Faucon.

En voici l'état :

Vin rouge, qualité supérieure. . . . . pièces	135
— — ordinaire . . . . —	255
— Bourgogne . . . . bouteilles	535
— Bordeaux. . . . . —	222
Marsala . . . . —	350
Cognac . . . . —	50
Cornas. . . . . —	50
Muids . . . . pipes	12
Malaga . . . . bouteilles	50
Vermouth . . . . litres	10

Ces vins, qui représentent une valeur d'au moins 28 à 29,000 f., ont été déposés dans l'entrepôt que Mmes Blache et Clapisson ont bien voulu faire disposer gratuitement, à Serin, en notre faveur.

Un grand nombre de ces fûts de vin a été mis en bouteilles par M. Bienvenue lui-même, et distribué à différentes ambulances sédentaires pendant notre séjour à l'hôtel Beauquis, qui s'est prolongé jusqu'à fin mai 1871.

Dans son rapport, M. le docteur Desgranges, président de la Commission des ambulances, en a mentionné une grande partie.

Nous sommes heureux de remercier en les signalant, et les donateurs et les communes qui les représentent.

DONATEURS

MM. Bellie.	MM. de Barjac.	MM. Félissent (Léon).
Berthier.	de Loriol(vicomte)	Giraud
Bessié.	de Luze (vicomte).	Labaume.
Bruneau.	de Piellat.	Robin.
Charrin.	Dupré.	Sauzet (Romain).
D'Aubigny (comte) Mme Ve Elviou.		Vernay (Alfred).

COMMUNES

De Jarnioux.	De St-Genis-les-Houillières.
De Villefranche.	De Taulignan.
De Villié-Morgon.	

VILLE DE CETTE (spécialement)

MM.	MM.	MM.
Benezech frères.	Comolet frères.	Rieunier et Péridier.
Bringner et Herber.	Franck (J.).	Valery-Mayet.
Causse frères.	Guiraud et Ce.	Vivarez (Benjamin).
Caffarel et Darolle frères.	Nollet et Hertez.	
Claris (Philippe).	Oudin et Ce.	

Si quelques noms sont involontairement oubliés, nous prions MM. les donateurs de vouloir bien nous excuser.

M. Bienvenue nous signale comme ayant droit à des remercîments particuliers :

MM. de Beuvrand et de Poligny, pour les vins de Bourgogne.

Dupré, pour les vins de Bordeaux.

de Larnage (comte), pour les vins de l'Hermitage.

Roche et Alix, pour les vins du Beaujolais.

Odomard et Deloste, à Montélimart, pour leur zèle officieux.

De leur côté, quelques dames de la Commission de l'emballage
ont continué des distributions de lainage, linge de pansement, sou-
liers, oranges, tabac, à Messieurs les directeurs des ambulances
sédentaires, sur un visa de M. le président docteur Desgranges.

M. le docteur Rieux, secrétaire général de la Commission médi-
cale, a fait transporter à Thonon et remis à M. le sous-préfet :

Chemises et flanelles,	caisse.	1
Chaussures et chaussons,	—	1
Charpie et linge divers,	—	5
	Total.	7

CHIFFONS

Dans l'administration du bien d'autrui (surtout lorsqu'il s'agit de dons volontaires), aucune économie n'est à dédaigner ; l'esprit domestique de ces dames l'a bien compris : il a mis en pratique cette pensée de Mme Geoffrin : *l'économie est mère de la libéralité*, en formant des ballots de tous les résidus du linge coupé par la Commission des réparations et des travaux à l'aiguille. Ces ballots ont été expédiés à MM. *Blanchet frères et Kléber*, fabricants de papiers à Rive (Isère), qui ont eu la pensée délicate de leur appliquer le prix le plus élevé.

Le premier envoi a produit, en novembre 1870 . . . . 218 60
Le second, en mars 1871 . . . . 315 15

Total fr. . . 533 75

N'omettons pas de mentionner que plusieurs blanchisseurs, et notamment M. Vautherin, de Francheville, qui, tous ont été publiquement remerciés dans le journal le *Salut public*, ont bien voulu se charger gratuitement du service de propreté que nécessitait le linge des blessés.

M. Morel, liseur, a droit également à notre gratitude pour les compresses fenestrées qu'il nous a d'abord libéralement préparées.

Mme Édouard Steiner-Pons a été spécialement chargée de la confection de ce genre de linge, si utile et si justement apprécié pour les pansements.

COMMISSION DE SECOURS AUX PRISONNIERS FRANÇAIS EN ALLEMAGNE

Cette Commission, sur la proposition de Mme Sabine-Cote, a été formée par les soins d'une partie de la Commission directrice des dames, composée : de la première présidente, Mme Millevoye, et des vice-présidentes Mmes Arlès-Dufour, — comtesse d'Espagny, — Fitler (Sophie), — Galline (Oscar), — Marix, — Onofrio, — Palisse (Mlle), — Reverony, — Sabran, — Steiner-Pons (Charles), — Tabareau, — Mmes Marie Tresca, trésorière-générale, et Sabine Cote, secrétaire.

Le 28 novembre 1870, par l'intermédiaire des principaux journaux de notre ville et sous le patronage du Comité sectionnaire lyonnais, un appel a été adressé à la générosité publique en faveur de nos prisonniers.

Une première liste de souscription, en tête de laquelle le Comité répartiteur s'est empressé de s'inscrire pour une somme de 10,000 f., accompagnait cet appel et prouvait que l'œuvre était déjà en bonne voie d'exécution.

De nouvelles quêtes ont été organisées, et, le 2 décembre suivant, une circulaire signée par ces dames, a provoqué le concours des personnes absentes, afin de compléter cette œuvre philanthropique.

Les dons pécuniaires ont été versés dans une caisse spéciale, que M. le président comte d'Espagny a bien voulu mettre à la disposition du Comité des dames.

Les dons en nature ont été confiés à Mme Galline.

Dès le 20 novembre précédent, quatre délégués, MM. l'abbé Guinand, Carrel, Adolphe Morin et Pérégaud, s'étaient généreusement offerts pour aller distribuer nos secours en Allemagne avec l'assentiment du Comité sectionnaire lyonnais.

Le 8 décembre suivant, de nombreuses caisses de vêtements, ainsi qu'une première somme de 40,000 francs, partaient avec eux.

Du 28 novembre 1870 au 17 mars 1871, il a été recueilli, soit par la Commission des dames, soit par les souscriptions ouvertes à la trésorerie générale, dans les principaux journaux de notre ville et dans les villes du dehors (notamment à Oran, dont l'offrande s'est élevée à 20,000 francs, grâce aux soins obligeants de Mme Lapeine) une somme totale de 129,155 fr. 15 c., qui a été convertie et répartie de la manière suivante :

EN ALLEMAGNE

Entre les villes de :

Posen.	Torgau.	Quedlinburg.
Glogau.	Uelzen.	Neisse.
Hanovre.	Graudenz.	Erfurth.
Arschescleben.	Ratibor.	Minden.
Rüdolstadt.	Cottbus.	Rastadt et Stettin.

EN SUISSE

Entre celles de :

Sarnem.	Uznacht.	Pfaiffikon.
Zug.	Waendenswyl.	Berne.
Saint-Gall.	Distric de Winterthur	
Neu Saint-Johann	Rischternyl.	Dubendorf.
Ebnat.	Uster.	Hüsnacht.

	SAVOIR :	Fr.	C.
6.600	Jaquettes	21.676	»
2.653	Chemises de laine.	11.362	50
5.983	Caleçons.	12.608	»
2.040	Cache nez	821	»
23.309	Paires chaussettes.	26.358	»
4.264	Bonnets coton	867	»
1.595	Ceintures laine	2.116	40
304	Chemises coton	660	»
2.300	Paires de galoches	6.472	»
300	Paires de sabots et chaussons.	543	»
500	Paires de bottines.	3.375	»
	En outre, il a été dépensé en savon, cuir, réparations, tabac et dons divers pour les Ambulances à Posen, Glogau, Rüdolstadt, Torgau et Vulzen, une somme de	7.927	55
	Port de 487 paquets remis par les familles des prisonniers et expédiés par l'agence de Bâle.	974	»
	Frais de transport de douane en Allemagne pour les vêtements distribués aux prisonniers	3.718	20
	Envoyé le 22 février 1871, à M. l'abbé Rambaud, pour les prisonniers internés à Kœnigsberg et dans la province de Prusse.	10.000	»
	Au Comité Français de Stettin, dirigé par M. le docteur Brandt, à la même date, pour les prisonniers nouvellement arrivés. . . .	8.000	»
	Le 4 mars, au représentant français à Berlin, choisi par MM. les Délégués pour assister les malades et les convalescents.	10.000	»
	Dernière somme envoyée à Berlin le 28 mars .	1.676	50
	Total égal aux sommes encaissées	129.155	15

Indépendamment des vêtements désignés ci-dessus, cette Commission des dames lyonnaises a expédié à Stettin, Leipzig, Miden et Kœnigsberg :

Paires de chaussettes.	870
Gilets de flanelle, de laine et tricots.	607
Chemises de coton et de crétonne.	451
Bonnets de coton.	211
Couvertures de laine.	89
Chemises de laine ou de flanelle.	43
Cache-nez.	218
Mouchoirs de poche.	276
Pantalons de drap	142
Cabans en drap.	70
Ceintures de laine.	22
Chaussons fourrés	26
Paires de souliers	87
Capuchons en drap.	5
	3.117

Toutes ces dernières dispositions ont eu pour provenance les dons récoltés par la Commission des Dames.

C'est grâce au zèle empressé et aux soins intelligents des susdits délégués, que cette Commission a pu réaliser l'idée chrétienne et patriotique d'alléger le poids des souffrances de nos malheureux soldats.

Les lettres intéressantes de M. l'abbé Guinand et de M. Alexis Carrel, que le Comité a cru de son devoir de publier, nous ont initiés aux besoins matériels et moraux de nos prisonniers, à l'impérieuse nécessité d'y remédier si bien comprise par nos délégués, et aux nombreuses difficultés qui, trop souvent, ont paralysé leurs efforts.

Tout le monde sait que le désœuvrement, l'ennui, le chagrin, sont les maladies morales de la captivité.

Le cœur ulcéré de la France l'avait bien compris, et sur la demande chaleureuse de M. l'abbé Rambaud, exprimée dans sa lettre du 11 décembre 1870, adressée à M. Arlès-Dufour et publiée dans le journal la *Décentralisation* le 31 décembre de la même année, la Commission des dames s'est procuré un très-grand nombre de livres qu'elle a expédiés en Allemagne ; mais la conclusion de l'armistice, en février 1871, et le prochain retour des prisonniers, en ont empêché la distribution.

Ces livres, renvoyés en France par le comité prussien, ont été remis au général *Bourbaki* pour en former une bibliothèque militaire au camp de Sathonay.

Dans le but de faciliter aux familles les envois directement faits aux détenus, la susdite Commission s'est chargée, dans la mesure du possible, de les faire parvenir à ses frais jusqu'à leurs adresses respectives.

A cet effet, le Comité de Bâle lui a prêté un concours dont l'empressement a égalé la générosité.

Il est regrettable que, malgré ces efforts réitérés, tous ces paquets n'aient pu rejoindre leurs destinataires, — cette privation a dû leur être cruelle. Par contre, nous avons été heureux d'apprendre que l'empereur d'Allemagne avait amnistié ceux de nos prisonniers détenus pour délits d'insurbodination, ce qui leur a permis de revoir plutôt leur patrie.

Avant de clore ce paragraphe relatif aux prisonniers français, qu'il nous soit permis de remercier MM. Milson et Poix, Aynard et Ruffer, et M. Galimard, receveur, alors au bureau de la poste des Terreaux, pour l'obligeance gracieuse et soutenue qu'ils ont mise à faciliter les envois des donateurs, soit en nature, soit en espèces.

COMMISSION N° 3

Distribution de secours aux familles malheureuses des blessés et des victimes de la guerre

Les cent onze dames de cette Commission, dont les travaux pénibles ont exigé une persévérante abnégation dans le cœur de l'hiver, se sont subdivisées, comme il a été indiqué précédemment, en quatre sections, pour la facilité de ce labeur.

Aux termes d'un décret impérial à la date du 25 juillet 1870 (à l'origine de la guerre), le gouvernement français institua aux Tuileries, une Commission *non pour se substituer à l'initiative privée, mais afin d'assurer la réalisation prompte et complète des sommes considérables versées par l'élan national dans les caisses publiques pour les blessés, ainsi que celle des quatre millions votés à cet effet par le Corps législatif et par le Sénat.*

Le 5 août suivant, avant qu'aucune assemblée générale n'eut régulièrement organisé, ni le Comité sectionnaire lyonnais, ni le Comité des dames, le gouvernement, par une circulaire ministérielle, invita les préfets à hâter la formation d'un Comité départemental, afin d'atteindre le même but dans toute la France.

Le Ministre laissait à ces Comités toute liberté d'action, parce que vivant au milieu des infortunes, ils en connaissaient mieux les nécessités locales. — Ces infortunes étaient fort nombreuses.

L'intention du gouvernement qui figure en tête de la Société française de secours, qui l'avait prise sous sa haute protection et reconnue d'utilité publique, n'était évidemment pas de lui faire concurrence, mais de la seconder, en invitant les départements à recueillir des *souscriptions nouvelles,* pour les distribuer soit *aux blessés,* soit à *nos soldats en campagne,* soit *aux soldats eux-mêmes,* soit *aux familles des militaires privées de leur soutien.*

L'article 5 du règlement de la Société va plus plus loin, il étend *la distribution des secours, en temps de paix comme en temps de guerre, au soulagement des souffrances et des infortunes, suite des guerres ou d'épidémies en campagne.*

M. Sencier, alors préfet du Rhône, institua naturellement pour cette fonction, le Comité sectionnaire lyonnais qui s'organisait, et Mme Sencier étant la présidente effective du Comité des dames, il fut décidé à l'assemblée générale du 8 août 1870, que les dames désignées pour la Commission n° 3, seraient chargées du soin pratique de cette distribution.

Personne, en effet, ne pouvait mieux qu'elles, remplir avec exactitude et scrupule cette mission délicate.

La distribution de ces secours a commencé le 16 mars 1870, pour être définitivement close le 31 décembre 1870.

En principe, elle s'est arrêtée au 31 janvier 1871, époque à laquelle la cessation des subsides accordés par le Comité, a provoqué la suspension des secours.

Mais, en réalité, la rigueur de la saison ayant exigé une continuation de charité, il fut convenu que ces dames épuiseraient les bons qui leur restaient, ce qui eut lieu jusqu'à la fin de février ;

puis le Comité sectionnaire leur ayant accordé une nouvelle somme de 14,000 francs, et le Comité de travail pour l'armée une autre de 8,500 fr., elles continuèrent des distributions pécuniaires, soit aux familles des blessés, soit à celles des prisonniers revenus d'Allemagne, jusqu'à la fin de juin d'abord et de décembre en suite.

Pendant cette longue période, 2802 familles ont été secourues, savoir :

dans le 1ᵉʳ arrondissement . . .	260
dans le 2ᵉ — . . .	250
dans le 3ᵉ — . . .	1,044
dans le 4ᵉ — . . .	262
dans le 5ᵉ — . . .	561
dans le 6ᵉ — . . .	425
Total correspondant. . .	2,802

Ce qui, en établissant une moyenne de 5 têtes par famille, formerait approximativement un nombre de 10,000 personnes secourues.

MM. les médecins de chaque quartier visité ont prodigué gratuitement leurs soins aux malades.

MM. les pharmaciens ont fourni les remèdes au prix coûtant.

Ci-joint l'état des Recettes et des Dépenses :

Du 16 août 1870 au 31 janvier 1871

RECETTES

			DÉPENSES		
Produit des quêtes à domicile par les Dames de la Commission	49.889	10	Aux Boulangers : 95.771 kilog. de pain	38.308	60
Intérêts capitalisés au 30 juin	409	80	Aux Bouchers : 27.815 kilog. de viande. . . .	30.597	85
Reçu du Comité sectionnaire	90.000	»	Pommes de terre : 8.160 kilog.	8.732	»
			Charbon : 8.602 hectolitres.	19.784	75
			Pharmacie	1.536	55
			Vêtements et argent distribués.	34.526	70
			Aux prisonniers Français.	3.000	»
			Frais divers, bons, impression.	1.195	45
				137.691	90
			Solde en caisse	2.607	»
	140.298	90		140.298	90

Du 31 janvier au 30 juin 1871

Solde en caisse	2.607	»	Secours aux prisonniers revenus d'Allemagne .	12.701	10
Reçu du Comité sectionnaire.	14.000	»	Déposé à la caisse du Comité sectionnaire à la Trésorerie générale.	12.405	90
Reçu du Comité de travail pour l'année. . . .	8.500	»			
	25.107	»		25.107	»

Du 30 juin au 31 décembre 1871

Solde déposé à la Caisse de la Trésorerie et retiré par Mme Millevoye.	12.405	90	Distribué dans Lyon-central.	2.000	»
Intérêts de cette somme au 16 juin	193	05	— aux Brotteaux-Guillotière	5.000	»
			— à la Croix-Rousse-Sathonay	2.098	95
			— à Vaise-St-Jean.	2.500	»
			— à l'Œuvre des Chaumières par Mme la comtesse d'Espagny.	1.000	»
	12.598	95	Egalité	12.598	95

Les 34,536 fr. 70 c. qui figurent dans la colonne du crédit pour *vêtements et argent*, ne sont point une confusion, mais l'expression d'une idée sage.

Ces dames ont cru prudent de convertir une portion de cette somme en vêtements, afin d'être assurées au moins de l'utilité de son emploi.

Le mot vêtement n'est inscrit qu'à titre d'explication ; en réalité, les 34,536 fr. 70 c. qui sont mentionnés au crédit de la caisse, ont été comptés en espèces à ces dames.

———

Un Comité spécial de dames pour secourir notre armée en campagne, a bien encore été formé le 20 novembre 1870 au Palais Saint-Pierre, toujours sous la présidence de Mme Millevoye, et aux termes d'une deuxième circulaire ministérielle à la date du 6 août de la même année.

Ce Comité a fait beaucoup de bien, soit à nos soldats si délabrés après leurs revers, soit aux blessés de passage, soit aux pauvres Alsaciens venus à Lyon. Il a donné 1,911 francs à la Commission des prisonniers, et 8,500 fr. à la Commission distributive de secours.

S'il ne figure point dans ce rapport général, ce n'est ni par ingratitude, ni par oubli des services qu'il a rendus ; mais comme il s'est organisé en dehors du Comité sectionnaire, dont les actes ont été différents et les comptes distincts, il a été décidé d'un commun accord, que ce Comité ferait imprimer son rapport séparément.

———

NÉCROLOGIE

Durant la longue période de nos travaux, la mort, dont la moisson a été si abondante en ces deux fatales années de 1870 et 1871, n'a pas toujours été clémente envers les Comités de secours lyonnais.

— Le 30 novembre 1870, elle nous a enlevé Mme Cuniac, présidente de la Commission pour les travaux à l'aiguille et femme du magistrat si remarquable placé à la tête de notre tribunal civil. Nous avons essayé d'honorer sa mémoire dans le *Courrier de Lyon* du 13 décembre suivant.

— Le 26 mars 1871, l'ambulance de l'Archevêché a perdu M. le docteur Peyraud, si parfaitement jugé dans le rapport de M. le docteur Desgranges.

— Le 23 avril suivant, Mlle Madeleine Dubreuil, une jeune fille des plus assidues, avec sa mère, aux travaux du raccommodage, a été subitement arrachée à nos réunions et à la tendresse de ses parents.

— Le 16 décembre de la même année, M. Louis Guérin, fondateur de l'ambulance de Monplaisir, placée sous notre direction, où 17 malades et blessés ont reçu gratuitement, jusqu'au 25 juin (quarante jours après la fermeture officielle des ambulances), les soins les plus empressés, soit de Mme Guérin elle-même, soit de la sœur Saint-Thomas d'Aquin du Bon-Secours de Troye, a été enlevé à sa famille et aux malheureux, à l'automne de sa vie, suivi du nombreux et modeste cortége de toutes ses bonnes œuvres.

— Le même jour, M. Maximilien Grassis, directeur de l'ambulance de l'avenue de Noailles et du journal le *Salut public*, toujours si dévoué à notre œuvre, a succombé en peu de jours sous l'étreinte d'une maladie envahissante.

— Le 25 du même mois, M. le docteur Christôt, chirurgien en chef de la 3ᵉ ambulance volante, après avoir disputé à la mort bien des victimes du combat de Nuits, a été brusquement fauché par elle, dans la fleur de sa jeunesse, lorsque toutes les espérances rayonnaient autour de lui.

— Enfin le 21 janvier 1872, M. Arlès-Dufour, président du Comité répartiteur lyonnais, a terminé sa longue carrière humanitaire, couronnée par ses derniers travaux à notre Société de secours.

En terminant ce rapport historique et général dont nous nous sommes efforcé de grouper les éléments nombreux et homogènes, qu'il nous soit permis, non de remercier (l'admiration ne remercie pas), mais de rappeler avec quel généreux empressement les dames lyonnaises ont répondu à l'invitation qui leur fut adressée le 25 juillet 1870.

Les archives du cœur conservent chaque date.

Ce Comité et ses différentes Commissions, émanés du Comité central de Paris représenté par M. Léonce de Cazenove, et soutenus par le Comité sectionnaire lyonnais, ont eu chacune leur autonomie, leur existence propre, leur initiative privée, leur application pratique et utile.

Toutes, animées du même principe, ont convergé vers le même but, — rameaux détachés du même arbre de vie, qui ont produit les mêmes fruits de charité.

L'hiver de 1871 n'en a pas même arrêté la séve, puisqu'après la cessation des travaux et la fermeture des ambulances au 15 mai précédent, les dames n'ont complétement abandonné ni la résidence du Palais Saint-Pierre, ni celle de la rue St-Dominique ; — qu'une grande fête a été organisée, sous leur patronage, les 29 et 30 juillet, dans le Parc de la Tête-d'Or, au profit des soldats invalides, des veuves et des orphelins des militaires ; — qu'elles ont continué jusqu'au 31 mars 1872, ainsi que le fait de son côté le Comité sectionnaire lyonnais, à distribuer, de temps à autre, quelques secours aux victimes attardées de cette guerre tristement mémorable.

Si les résultats obtenus n'ont pas toujours atteint le niveau des espérances, c'est que, d'une part, rien de ce qui est humain n'est parfait, et que, d'une autre, il n'est pas facile de réaliser complétement et utilement tout le bien qu'on voudrait faire.

Mais les bonnes œuvres accomplies embrassent une si vaste échelle, que peut-être n'est-il pas téméraire d'espérer qu'en les parcourant, l'opinion publique appréciera à sa juste valeur, et notre bon vouloir, et les nombreuses difficultés qui ont entouré notre mission, libéralement et sans interruption accomplie jusqu'à ce jour.

Un devoir, toutefois, nous est imposé : c'est celui d'être juste et de dire, après avoir honoré les dévouements connus, que, pour les dévouements ignorés, il existe deux récompenses :

L'estime de soi-même et le regard de Dieu.

JULES FOREST.

Lyon, le 31 mars 1872.

Lyon. — Imp. Bellon, rue de Lyon, 33.

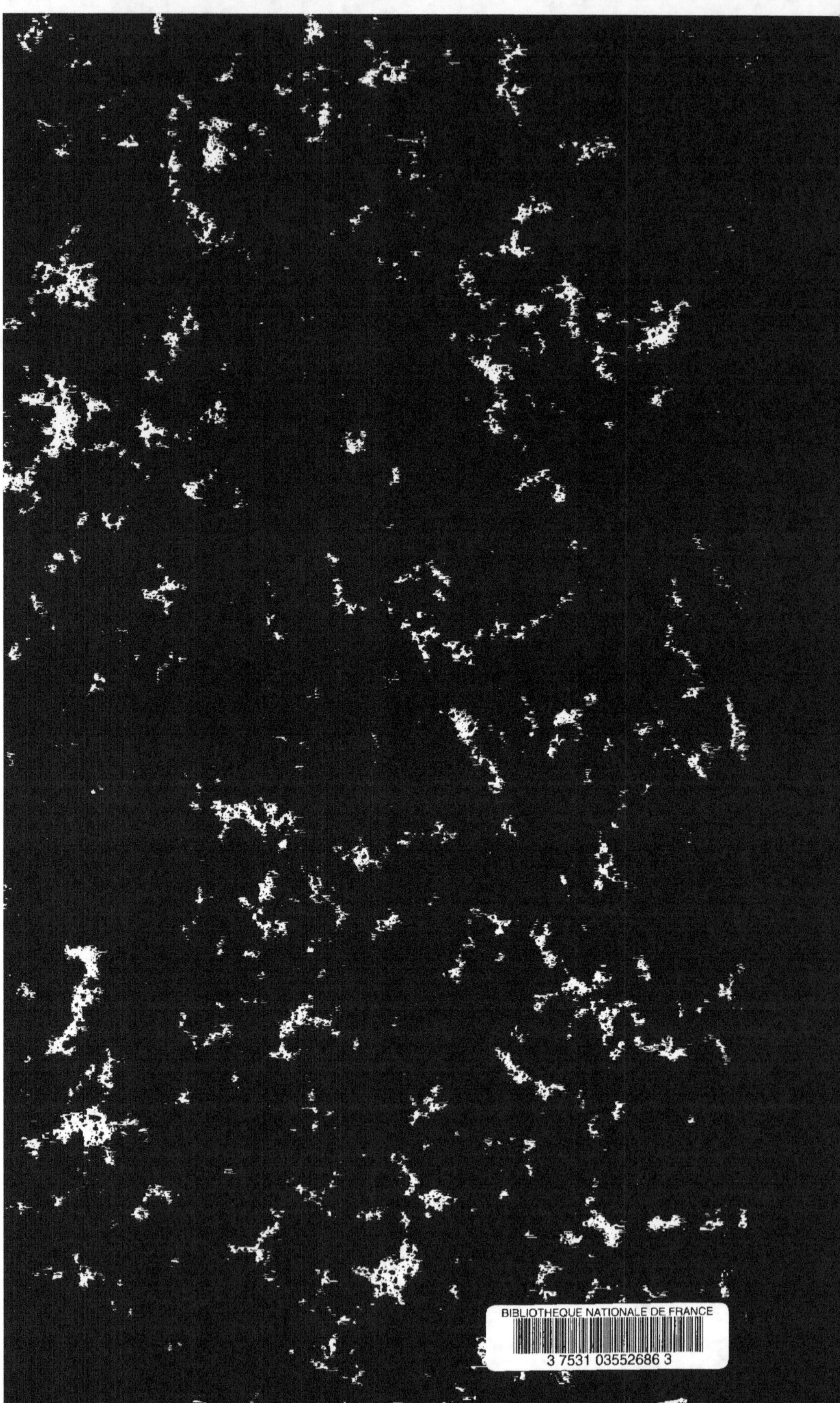

www.ingramcontent.com/pod-product-compliance
Lightning Source LLC
Chambersburg PA
CBHW062309070726
47596CB00009B/884